MISIONES DE CALIFORNIA

La Misión de San Juan Capistrano

JEANNETTE BUCKLEY

TRADUCIDO POR CHRISTINA GREEN

Cavendish Square
New York

Published in 2016 by Cavendish Square Publishing, LLC
243 5th Avenue, Suite 136, New York, NY 10016

First Edition

Website: cavendishsq.com

CPSIA Compliance Information: Batch #WS14CSQ

Library of Congress Cataloging-in-Publication Data

Buckley, Jeannette.
La Misión de San Juan Capistrano / Jeannette Buckley, translated by Christina Green.
pages cm. — (Las misiones de California)
Includes bibliographical references and index.
ISBN 978-1-5026-1159-8 (hardcover) ISBN 978-1-5026-1160-4 (paperback) ISBN 978-1-5026-1142-0 (ebook)
1. Mission San Juan Capistrano—History—Juvenile literature. 2. Franciscans—California—San Juan Capistrano Region—History—Juvenile literature. 3. California—History—To 1846—Juvenile literature. I. Title.

F869.S395E339 2014
979.4'96—dc23

Editorial Director, Spanish: Nathalie Beullens-Maoui
Translator: Christina Green
Editor, Spanish: Maria Cristina Brusca
Art Director: Jeffrey Talbot
Designer: Douglas Brooks
Photo Researcher: J8 Media
Production Manager: Jennifer Ryder-Talbot
Production Editor: David McNamara

The photographs in this book are used by permission and through the courtesy of: Cover photo by Richard Cummins/Robert Harding/Getty Images; Frank Cortese/Shutterstock.com, 1; Ethel Davies/Robert Harding/Newscom, 4; Jessemonroy650/Ohlone hub(replica).jpg/Wikimedia Commons, 7; De Agostini/Getty Images, 8; Album/Florilegius/Album/SuperStock, 10; North Wind/North Wind Picture Archives, 12; © 2014 Pentacle Press, 13; © 2012 Pentacle Press, 16; © 2012 Pentacle Press, 17; © 2012 Pentacle Press, 19; Courtesy CMRC, 20; Fotosearch/Getty Images, 22; Iain Bagwell/Photolibrary/Getty Images, 24; North Wind/North Wind Picture Archives, 25; Peter Bennett/Ambient Images/Newscom, 29; Ken Wolter/Shutterstock.com, 30; Everett Collection/SuperStock, 31; © 2012 Pentacle Press, 32; Richard Cummins/Lonely Planet Images/Getty Images, 35; Eddie Brady/Lonely Planet Images/Getty Images, 36; Frank Cortese/Shutterstock.com, 41.

Printed in the United States of America

MISIONES DE CALIFORNIA

Contenido

La Misión de San Juan Capistrano es un hermoso ejemplo de arquitectura española, construida por las mujeres y los hombres que vivieron allí.

1

Los españoles expanden su imperio

UNA PEQUEÑA CIUDAD EN EL VALLE DE SAN JUAN

Enclavada en el valle de San Juan, cerca del océano Pacífico, se encuentra la ciudad de San Juan Capistrano. Hoy en día es un lugar próspero con numerosos comercios, un casco central y muchas tradiciones. En su centro hay un muro de ladrillos, color tierra, que recorre toda una cuadra. Al traspasar la puerta principal, se llega a uno de los puntos de referencia más antiguos de la ciudad: la Misión de San Juan Capistrano. Por todo el sitio se ven talleres y barracas militares con techos de tejas rojas. Árboles y otras plantas crecen en abundancia. En los aleros de los techos se observan nidos de barro construidos por miles de golondrinas que cada año anidan allí, desde marzo hasta octubre. La Misión de San Juan Capistrano fue la séptima de las veintiuna misiones fundadas por los españoles en California, entre 1769 y 1823.

España y otros países europeos se interesaron por las tierras, que ahora conocemos como California, después de que Cristóbal Colón descubriera el Nuevo Mundo en 1492. El rey de España envió hombres al Nuevo Mundo (Norteamérica, Suramérica y Centroamérica) para descubrir las riquezas que ofrecía. El rey esperaba que encontraran oro, especias y una ruta comercial que llevara a Asia por el oeste.

FERVOR RELIGIOSO

España también atravesaba por un período de entusiasmo religioso. Habían expulsado a los moros, quienes practicaban el islamismo, tras 800 años de ocupación. Como parte de su renovado fervor, los españoles también deseaban compartir su fe con los habitantes del Nuevo Mundo. Los españoles eran católicos y creían en las enseñanzas de Jesucristo y la Biblia. Creían que solo los **cristianos** iban al Cielo después de morir. Deseaban **convertir** a los **indígenas** al catolicismo para salvar sus almas.

En aquella época, el término "las Californias" se utilizaba para describir el territorio que hoy en día incluye el estado de California y la Península de Baja, en México. La porción sur se llamaba Baja California y la porción norte, Alta California. En 1542, los españoles mandaron a Juan Rodríguez Cabrillo, para que viajara en barco hasta las Californias y encontrara una ruta acuática que pudiera utilizarse como ruta comercial entre Europa y Asia. Obviamente, Cabrillo fracasó en su búsqueda, ya que dicha ruta no existía. Sin embargo, sí exploró e hizo mapas de la costa de **Alta California**, descubriendo lo que posteriormente se conocería como bahía de San Diego.

Sesenta años después, el rey de España envió a Sebastián Vizcaíno para que descubriera la ruta acuática; pero Vizcaíno tampoco pudo encontrar nada nuevo. Entonces España decidió dejar de enviar exploradores a esa parte del mundo. Recién 160 años después, otra expedición española llegó a Alta California; y en esta oportunidad con el objetivo de ocupar las tierras y construir misiones.

2
Los *acjachemem*

LA HISTORIA INICIAL DE LOS *ACJACHEMEM*

Los nativos americanos que habitaban cerca de donde se fundaría la Misión de San Juan Capistrano pertenecían principalmente a la Nación *Acjachemem*. Cuando los españoles llegaron les dieron el nombre de *"juaneños"*, por el nombre de la misión. Aunque no hay registros históricos sobre la existencia anterior de los *acjachemem*, los historiadores han recolectado información sobre la forma en que vivían antes de la llegada de los españoles; mediante el estudio de los artefactos (tales como herramientas, cestas y armas) y leyendas transmitidas de una generación a otra.

Muchos indígenas vivían en casas circulares como ésta.

Los *acjachemem* vivían en pequeñas aldeas, en su mayoría, cercanas a una fuente de agua. Cada aldea estaba construida en torno a una plaza central. Usaban una armazón de ramas para darle forma cónica a sus viviendas. Para mantener seco el interior, las cubrían **trincando** cañas y juncos. Para eso ataban los juncos formando capas, como si fueran las tablillas de una casa. Estas viviendas se llamaban *kitchas*.

Para alimentarse, los indígenas pescaban tiburones y recolectaban ostras y almejas.

EN SINTONÍA CON LA NATURALEZA

La vida de los *acjachemem* se basaba en el mundo natural. Sus viviendas, armas, alimentos, vestimentas y religión dependían de la naturaleza. Valerse por sí mismos era esencial para su supervivencia, por eso idearon formas para obtener de su entorno todo lo que necesitaban.

Los hombres se encargaban de cazar y pescar. Usaban poca ropa, o iban desnudos, durante los meses veraniegos. Con lazos o trampas cogían aves, ardillas, conejos, ratones, codornices y patos. Para atrapar animales, los cazadores a veces prendían fuego a la maleza y los obligaban a correr hacia la trampa. También cazaban venados y antílopes; además pescaban tiburones, y recolectaban ostras y almejas.

Los hombres elaboraban sus armas y herramientas con rocas,

huesos de animales, conchas y palos. Hacían las puntas de flechas y lanzas con rocas, y con un vidrio de origen natural, llamado obsidiana, que es duro y se quiebra fácilmente. Los *acjachemem* hacían arcos con ramas fuertes pero flexibles, mientras que para las cuerdas usaban tallos de vegetales o tendones de animales.

Las mujeres se encargaban de recolectar alimentos y cuidar a los niños. Se vestían con faldas similares a un mandil hechas de cuero, hierba o corteza; y buscaban plantas e insectos comestibles. Recolectaban semillas de totora, juncos, tallos de yuca, ciruelas silvestres, grosellas, apio, bayas, algas, raíces y bellotas. Con los juncos tejían cestas bien tupidas; y las usaban para almacenar alimentos, cocinar, transportar agua y llevar a los niños.

Una de las principales fuentes de nutrición de la dieta de los *acjachemem* eran las bellotas, que recolectaban en invierno. Las mujeres ponían especial cuidado en prepararlas, a fin de eliminar un ácido amargo que les da mal sabor y puede causar daño. Después de pelar las bellotas, las machacaban hasta hacerlas harina. Luego lavaban la harina diez veces. Cuando estaba limpia, las mujeres la usaban para hacer sopas, tortas y panes.

LOS CHAMANES CURABAN A LOS ENFERMOS

La mayoría de las aldeas *acjachemem* tenían un *chamán,* o curandero, que usaba hierbas y **rituales** para sanar a los enfermos. Los nativos americanos creían que los chamanes podían comunicarse con los espíritus, por eso eran muy importantes para la comunidad. Los constructores de canoas y los jefes de cada aldea también eran miembros destacados de la comunidad, y vestían largos mantos distintivos hechos con pieles de alce. Además de tratar los asuntos de la comunidad, el jefe también era el líder religioso del grupo.

La religión de los *acjachemem* se basaba en la naturaleza, y para ellos todas las criaturas de la Tierra eran importantes y respetadas. Los *acjachemem* creían en numerosos dioses y espíritus, algunos traían buena suerte y felicidad, mientras que otros eran culpables de las cosas malas. Para complacer a sus dioses, los *acjachemem* celebraban varios rituales y ceremonias que incluían cantos y bailes. Realizaban estas ceremonias como reconocimiento a las muertes, las bodas, los nacimientos, el nombramiento de un nuevo jefe, la guerra, las expediciones de caza y la iniciación a la edad adulta de los muchachos y muchachas.

Cada grupo nativo tenía formas diferentes de celebrar, cantar y bailar.

3 El sistema misionero

UNA MANERA DIFERENTE DE VIVIR

Antes de comenzar a establecer las misiones en Alta California, los españoles formaron comunidades religiosas similares por toda **Nueva España**; así como en Centroamérica, Suramérica y **Baja California,** en los siglos XVI y XVII. La sede del gobierno se estableció en la Ciudad de México, que luego sería la capital del país.

En Nueva España vivían numerosos indígenas. Los españoles construyeron sus misiones cerca de grandes poblaciones de nativos americanos, porque deseaban convertirlos al cristianismo y transmitirles las costumbres españolas. También pensaban que podían ayudarlos enseñándoles los oficios europeos, su religión y el idioma español que consideraban superiores.

Los indígenas llevaban una vida muy diferente a la de los españoles. Usaban poca ropa o iban desnudos, mientras los hombres españoles vestían camisas y pantalones; y las mujeres españolas, vestidos que llegaban hasta el piso. Los indígenas no tenían escuelas, tampoco sabían leer y escribir; en cambio, muchos españoles estudiaban. Los indígenas cazaban y recolectaban comida en la naturaleza en vez de sembrar y cosechar. Los españoles consideraban que los nativos americanos eran inferiores; y los tildaban de "salvajes", como a los animales de la selva.

La primera orden religiosa que estableció misiones en Nueva España fueron los jesuitas. Ellos les enseñaron sus métodos de trabajo a los nativos americanos; y les mostraron cómo cuidar los animales, sembrar y cosechar cultivos, procesar el cuero, trabajar el hierro, hacer jabón e hilar para hacer prendas de vestir. También los instruyeron en la fe católica. En 1767, los españoles les quitaron a los jesuitas el control de las misiones de Nueva España; porque consideraron que se estaban volviendo muy poderosos. Fueron remplazados por los **franciscanos**. Los soldados ayudaron a los **frailes**, o frayes, franciscanos a construir asentamientos adicionales en Alta California. Vigilaban los asentamientos y construían fortalezas militares, llamadas presidios, para impedir cualquier ataque en la zona. En Alta California había cuatro presidios: en San Diego, Santa Bárbara, Monterrey y San Francisco. Estaban ubicados estratégicamente, de modo que los soldados pudieran ir a caballo hasta la misión que necesitara ayuda.

Los **misioneros**, que se unieron a la expansión hacia Alta California, planeaban que cada misión fuera dirigida por dos frailes, durante aproximadamente diez años.

Los españoles consideraban que ese tiempo era suficiente para convertir a los indígenas al cristianismo y enseñarles

Entre 1769 y 1823, misioneros y soldados construyeron veintiuna misiones y cuatro presidios.

algunos oficios. Después de ese lapso, el funcionamiento de la misión pasaría a manos de los nativos americanos, quienes para entonces ya serían ciudadanos españoles. Este proceso de devolver las misiones a los indígenas se llamó **secularización**. De esa forma, los españoles se apropiaban de las tierras; y luego tendrían ciudadanos que deberían pagar impuestos a España. Así pensaban colonizar el país para España, impidiendo que otras naciones lo reclamaran. Cuando la misión fuese secularizada, los frailes viajarían a otro sitio; y ayudarían a las demás misiones.

4 Los comienzos de la Misión de San Juan Capistrano

LOS PADRES FUNDADORES

Los españoles comenzaron a asentarse en Alta California en 1769, temiendo que los colonos de Rusia e Inglaterra ocuparan las tierras. Enviaron cinco expediciones de soldados, misioneros y nativos americanos, que ya se habían convertido al cristianismo en Nueva España (lo que es actualmente México), con instrucciones de reunirse en San Diego. Desde allí, construirían una cadena de misiones a lo largo de la costa del Pacífico.

Las expediciones salieron de Nueva España bajo el comando del capitán Gaspar de Portolá. Tres grupos navegaron por el océano Pacífico; mientras los otros dos grupos atravesaron 750 millas rocosas y polvorientas, hasta llegar a la Península de Baja. Portolá viajó por tierra, acompañado de fray Junípero Serra. Muchos hombres murieron en el camino y un barco se perdió en el mar. Solo la mitad de los 219 hombres que comenzaron el viaje logró llegar a San Diego.

Fray Serra era uno de los dos hombres más importantes en la fundación de las misiones. Tenía cincuenta y cinco años cuando fue escogido por la Iglesia católica para ser presidente de las misiones de Alta California, y fundó nueve misiones en total. Se estableció en la segunda misión que había fundado, la Misión de San Carlos de Borromeo del Río Carmelo, y dirigió las misiones por quince años. Fray Serra murió el 28 de agosto de 1784, por problemas generales de salud.

El otro hombre importante fue fray Fermín Francisco de Lasuén. Había nacido el 7 de junio de 1736 en Victoria, España; y llegó a Nueva España en 1759. Tras la muerte de fray Serra, fray Lasuén fue el encargado de dirigir la cadena de misiones. Desde 1785 hasta 1803, fundó nueve misiones y alentó a los frailes a enseñar nuevos métodos de trabajo. Hizo numerosas mejoras en las áreas de construcción, siembra y cosecha de cultivos, y cría de ganado. Fray Lasuén murió en 1803, en la Misión de San Carlos de Borromeo del Río Carmelo, donde también se había establecido. Está enterrado en la capilla de la misión, al lado de fray Serra.

FUNDAR LA MISIÓN

Mientras fray Serra comandaba un grupo de trabajadores, en la construcción de la Misión de San Diego de Alcalá, Portolá partió en búsqueda del área que una expedición anterior había escogido para la Misión de San Carlos de Borromeo del Río Carmelo. Fray Juan Crespí, un antiguo alumno de fray Serra, acompañó a Portolá en el viaje hacia el norte.

El 22 de julio de 1769, Crespí escribió en su diario que había visto nativos americanos al pasar por la zona en donde después se fundaría San Juan Capistrano. Señaló que había muchos árboles y praderas, un valle y mucha agua. El grupo le dio, a este sitio, el nombre de Santa María Magdalena. Tiempo después, también lo llamaron "Arroyo de la Quema" y "Cañada del Incendio"; debido a un incendio forestal que arrasó el área. Crespí contó que un niño y un bebé resultaron quemados en el incendio; y los había tenido que **bautizar** en el sitio, porque estaban a punto de morir.

PARA CERRAR LA BRECHA

Las primeras misiones establecidas a lo largo de la costa estaban muy lejos una de otra; así fue que los españoles comenzaron a construir más misiones, para acortar la distancia entre ellas. El valle de San Juan estaba a medio camino entre la Misión de San Diego de Alcalá y la Misión de San Gabriel Arcángel; y fue escogido para construir la séptima misión de la cadena: la Misión de San Juan Capistrano.

En octubre de 1775, fray Lasuén formó parte de una expedición que viajó hasta el sitio en donde se fundaría la Misión de San Juan Capistrano. En su grupo iban fray Gregorio Amurrio, un pequeño grupo de soldados del presidio de la Misión de San Diego de Alcalá y dos familias indígenas de Baja California. Salieron de la Misión de San Diego de Alcalá cargados de suministros para el nuevo asentamiento incluyendo ganado, cereales, artículos religiosos para la iglesia, materiales de construcción y herramientas. Llegaron a la aldea Sajavit de los *acjachemem* el 30 de octubre, y seleccionaron un sitio cercano para construir la Misión de San Juan Capistrano. Fray Lasuén bendijo la tierra, y los miembros de la expedición levantaron una cruz en el terreno de la nueva misión.

Los indígenas estaban molestos por la forma en que eran tratados en las misiones y la emprendieron en contra de soldados y frailes. Esta ilustración muestra un levantamiento en la Misión de San Diego de Alcalá.

El grupo luego buscó madera para hacer refugios temporales y una capilla. Ocho días después llegaron terribles noticias sobre la Misión de San Diego

Las tensiones en la Misión de San Diego de Alcalá suspendieron la construcción de la Misión de San Juan Capistrano.

de Alcalá: el 5 de noviembre, cientos de miembros de la Nación Kumeyaay, molestos por las golpizas y otros malos tratos, atacaron la misión. Robaron artículos religiosos de la iglesia, y prendieron fuego a las edificaciones. Varias personas fueron asesinadas durante la revuelta, incluyendo al jefe de los misioneros, fray Luis Jaymé. El enfrentamiento terminó cuando los soldados españoles dispararon sus armas.

Fray Lasuén y su pequeño grupo estaban completamente solos en el valle de San Juan, a excepción de los indígenas que vivían en la aldea Sajavit. Los españoles no sabían cómo reaccionarían los *acjachemem* locales ante las noticias de la revuelta. El grupo no deseaba correr el riesgo de ser atacado; así que enterraron las campanas de la iglesia, recogieron sus pertenencias y regresaron al presidio de San Diego.

5 Los primeros días

UNA CRUZ AÚN EN PIE

La Misión de San Juan Capistrano, en Alta California, fue fundada dos veces. Después de aquietarse las tensiones entre los españoles y los nativos americanos, en la Misión de San Diego de Alcalá, los misioneros regresaron al valle de San Juan y retomaron los trabajos de construcción. Esta vez fray Serra lideró la expedición; porque a fray Lasuén lo habían enviado a construir otra misión. El presidente de las misiones estaba complacido con el terreno escogido; y lo describió como "un sitio con abundante agua, pastizales, leña y madera".

Fray Serra encontró que la cruz levantada por el grupo de fray Lasuén aún estaba en pie. Desenterraron las campanas y las colgaron de un árbol. El 1 de noviembre de 1776, fray Serra ofició la primera misa; y consagró oficialmente la Misión de San Juan Capistrano.

Después de los dos primeros años, no había suficiente agua en la zona ni para beber ni para regar los campos de cultivo; por eso la misión se mudó cerca de una aldea *acjachemem*, en donde abundaba el agua.

El complejo de la misión se diseñó de tal manera que formara un **cuadrángulo**, es decir, una forma con cuatro lados. No todos los lados tenían la misma medida; porque los frailes midieron el largo de cada lado contando el número de pasos, en vez de usar instrumentos de medición.

Los terrenos de todas las misiones fueron escogidos por los frailes, casi siempre bajo la protección de los soldados.

Tanto frailes como soldados necesitaban ayuda para construir la nueva misión; y decidieron atraer a los miembros locales de la tribu *acjachemem*, ofreciéndoles comida y baratijas, como cuentas de vidrio. Los nativos también sentían curiosidad por las herramientas que usaban los españoles, en especial por las hachas hechas de metal en vez de piedra. Eventualmente, algunos *acjachemem* comenzaron a ayudar a los misioneros.

Para construir estructuras permanentes, los españoles y los *acjachemem* recolectaron en los alrededores los materiales que necesitaban. Talaron árboles en los cercanos bosques de pino y roble, cortaron los troncos en tablones y vigas de apoyo; y los llevaron hasta el lugar de construcción en pequeños vehículos de madera tirados por bueyes o mulas, llamados *carretas*.

La madera de construcción no era abundante; por eso los misioneros les mostraron a los *acjachemem* cómo hacer ladrillos de **adobe** para las paredes. Les enseñaron a las mujeres y los niños a hacer una mezcla de barro, agua y paja, presionándola con los pies. Cuando la mezcla estaba lista, la echaban en unos moldes de madera para hacer ladrillos. Luego ponían los ladrillos al sol para secarlos. Los hombres disponían los ladrillos secos en hileras, para hacer las paredes, asegurándolos con barro.

En los años siguientes, se construyeron una iglesia, aposentos de los misioneros y dormitorios para los *acjachemem*. También se levantaron almacenes y graneros para el trigo y la cebada que sembraban y cosechaban en los campos cercanos a la misión. Además se añadieron salones de tejido, una carpintería y un taller de herrería; así como áreas para elaborar jabones y velas. Los indígenas cavaron pozos en el patio para hacer un canal de riego. Este canal les permitía llevar agua desde los arroyos Trabuco y San Juan hasta la misión, para regar los campos de cultivo. La primera vinería de Alta California se agregó en 1783, año para el cual aún existen los primeros registros detallados. Los registros muestran que la misión tenía 430 reses, 305 ovejas, 830 cabras, cuarenta cerdos, treinta y dos caballos y una mula.

Los frailes de la misión les enseñaron a los neófitos cómo hacer ladrillos de adobe, a sembrar y a cuidar el ganado.

PROBLEMAS DE CRECIMIENTO

La capilla Serra, construida en 1782, es la última estructura todavía existente donde fray Serra celebró misa, así como la edificación más antigua de California aún en uso. Ya en 1796, era demasiado pequeña para acoger a la cantidad neófitos (indígenas convertidos al cristianismo) que residían en la misión. A fin de albergar a los 1,000 neófitos que vivían en San Juan Capistrano en 1797, los frailes decidieron construir una nueva iglesia.

La nueva iglesia sería de piedra en vez de adobe. Los neófitos extraían arenisca de una cantera que quedaba a seis millas de distancia; pero era difícil transportarla. Las piedras más grandes se cargaban en carretas tiradas por bueyes, mientras las demás eran arrastradas por los hombres usando cadenas o las cargaban en redes los niños y mujeres.

La primera piedra se colocó en 1797; y dos años después llegó Aguilar, un maestro de obra procedente de Nueva España, para asegurarse de que la nueva iglesia fuera fuerte y hermosa. Inspirado por las iglesias de Europa, Aguilar diseñó un plano de planta en forma de cruz, con elegantes arcos y puertas tallados en piedra.

La construcción de la iglesia tomó casi nueve años. En 1800, un pequeño terremoto golpeó la zona; y afectó la estructura, obligando a reemplazar muchos de los pilares y vigas de soporte. Además Aguilar murió en 1803. Cuando la iglesia estuvo terminada, en 1806, medía 180 pies (55 m) de largo y 40 pies (12 m) de ancho. El techo abovedado tenía cinco pisos de alto y siete domos. Podía albergar a 1,000 neófitos. Los frailes organizaron un festejo de dos días; e invitaron a todos los líderes importantes de Alta California a asistir al primer servicio religioso que se celebró en la Gran Iglesia de Piedra.

Las campanas eran parte importante de la misión.
Le indicaban a la gente cuando rezar, comer y dormir.

6
La vida en la Misión de San Juan Capistrano

CREAR UNA RUTINA DIARIA

La vida en la misión no siempre era fácil. Los *acjachemem* que vivían allí, a menudo, manifestaban su descontento; aunque el ataque a la Misión de San Diego de Alcalá fue la única revuelta organizada en esa época, en Alta California. En la misión se obligaba a los neófitos a obedecer un estricto programa de clases y trabajo; de no hacerlo, eran castigados. Podían abandonar la misión únicamente por motivos muy particulares, como las visitas mensuales a sus aldeas, y en épocas especiales de cosecha. Muchos *acjachemem*, que vivían en la misión, resentían el control de los frailes sobre sus vidas.

En la Misión de San Juan Capistrano, los neófitos se despertaban al amanecer con el sonar las campanas, que les indicaban que se agruparan y fueran a la iglesia para asistir a misa. Más tarde, sonaban para indicar la hora de las oraciones y el momento de ir a clases. Después de cumplir con sus deberes religiosos, los neófitos desayunaban con *atole,* una especie de gachas de maíz, o con otro cereal.

Luego de la comida matutina, los misioneros distribuían las asignaciones laborales a los hombres y las mujeres *acjachemem.* Además de cocinar y cuidar a los niños, las mujeres tejían cestas siguiendo su tradición. Los españoles les enseñaron a hacer jabón y velas. También instruyeron a las mujeres en el hilado de telas. Usaban telares para hacer prendas de vestir al estilo español para los hombres, niños, misioneros, soldados, y para ellas mismas. Las mujeres *acjachemem* también usaron este método para elaborar mantas de lana.

APRENDER A CRIAR Y CULTIVAR

Los hombres acjachemen aprendieron a criar ganado, incluyendo reses, ovejas, caballos, mulas y cabras. La Misión de San Juan Capistrano estableció ocho *ranchos* fuera del complejo de la misión. Estos ranchos incluían corrales, establos, dormitorios y una capilla. Los hombres que trabajaban allí eran llamados rancheros, o *vaqueros*; y cuidaban a los animales que pacían en los terrenos alejados de la misión.

El pozole era un plato popular que se comía en las misiones. Aún hoy se come a diario.

Los españoles también les enseñaron a los *acjachemem* métodos de agricultura. Cultivaban trigo, cebada, maíz y vegetales; además de plantar huertos para cosechar duraznos, nueces, higos, uvas moradas y verdes, naranjas, peras, aceitunas y dátiles. Las uvas se usaban para hacer vino; y la misión contaba con una prensa para elaborar

Algunos neófitos se volvieron rancheros –los vaqueros originales- para cuidar las reses, las ovejas y los caballos.

aceite de oliva. El aceite de oliva se usaba para cocinar, encender lámparas y como artículo de intercambio comercial. La misión también comerciaba sus cueros, telas y jabón, con los bancos mercantes; a cambio de instrumentos musicales, muebles y artículos de vidrio.

Los hombres *acjachemem* también aprendían distintos oficios en la Misión de San Juan Capistrano. Los españoles les enseñaron el arte del **curtido** del cuero para que hicieran sillas de montar, zapatos y sombreros. Desde San Diego llevaron herreros para mostrarles a los hombres como trabajar la forja, un horno para moldear metales. Los neófitos aprendieron a hacer carretas, ruedas de carromatos, cerraduras y llaves.

Luego de la sesión matutina de trabajo, los *acjachemem* tomaban un descanso para almorzar. Comían *pozole,* una sopa hecha con cereales, vegetales y un poco de carne, en boles de barro. Después tomaban una *siesta* para descansar; y regresaban al trabajo por lo que quedaba de la tarde.

El día concluía con una misa y una cena con *atole*. Por las noches, los indígenas debían dedicar tiempo a rezar, la instrucción religiosa y las clases de idioma. Solo entonces les quedaba un rato de esparcimiento para bailar, cantar y jugar.

La vida en la misión era especialmente limitante para las muchachas solteras y las viudas. Vivían en dormitorios llamados *monjeríos,* separadas del resto de los residentes. Sus aposentos, así como todas las puertas de las misiones, se trancaban por las noches, para mantener a los neófitos dentro y a los demás fuera. Estas mujeres pasaban mucho tiempo encerradas bajo techo.

ROMPER LA MONOTONÍA

En ocasiones, los españoles celebraban una *fiesta*, o festival, que rompía la monotonía de la vida de la misión. Las fiestas se organizaban en honor a distintos santos; y para conmemorar nacimientos, bodas y eventos importantes en la historia de la Iglesia. Los *acjachemem* también observaban algunas de sus ceremonias tradicionales. Aunque a los franciscanos no les gustaban estos rituales, muchos frailes permitían la celebración de las ceremonias, para que los indígenas se mantuvieran contentos y siguieran siendo pacíficos.

Los misioneros debían cumplir con numerosas tareas: enseñaban a los *acjachemem* religión, artesanías, agricultura y cría de animales; y celebraban misa, realizaban bautizos, bodas y funerales. También debían conservar la paz entre los indígenas y los soldados.

Además el gobierno español requería que los misioneros llevaran un registro detallado de la vida en la misión, incluyendo la productividad agrícola y el número de conversos. Gracias a estos registros, sabemos que, entre 1783 y 1831, se cosecharon en la misión 234,879 bushels de trigo, cebada, maíz, frijoles, guisantes, lentejas, *garbanzos* y *habas*. En 1812, la misión alcanzó la población más alta, con 1,361 neófitos.

7 Declive y penurias

MALOS TRATOS

La Misión de San Juan Capistrano, junto con otras misiones de Alta California, enfrentó muchas penurias. Los problemas en la misión fueron causados por diversos motivos: diferencias culturales, enfermedades, ataques piratas y desastres naturales. Todos afectaron a las numerosas personas que vivían allí.

Los españoles y los *acjachemem*, residentes en la Misión de San Juan Capistrano, a menudo chocaban. Algunos indígenas se cansaban de la misión y deseaban regresar a su antigua vida. A veces se escapaban porque no se les permitían salir sin permiso. Los españoles los perseguían y los traían de vuelta a la misión. A menudo enviaban a otros neófitos a buscar a los que faltaban. La primera vez que un neófito se escapaba, y era atrapado, recibía un regaño. Después de eso, los fugitivos por lo regular eran azotados o golpeados. Los *acjachemem* también recibían castigos, si los españoles consideraban que no estaban trabajando lo suficiente o cometían hurtos.

Por lo general, los soldados españoles trataban mal a los neófitos. En todo el sistema misionero de Alta California circulaban rumores de que los indígenas eran golpeados cruelmente. Y también se decía que algunos habían muerto por las golpizas recibidas.

No todos los *acjachemem* deseaban quedarse en la misión. No querían cambiar su estilo de vida o religión; y les molestaba que los españoles se hubiesen adueñado de sus tierras. Sin embargo, algunos *acjachemem* vivían relativamente en paz en la Misión de San Juan Capistrano, porque estaban interesados en aprender artes y oficios.

Además de los dos años de sequía que sufrió la Misión de San Juan Capistrano al inicio, otros desastres naturales la afectaron. En 1812, apenas seis años después de haber terminado la Gran Iglesia de Piedra, un fuerte terremoto golpeó la misión. El desastre ocurrió la mañana del 8 de diciembre, una fecha especial para la Iglesia católica; así que la iglesia estaba llena. Cuando la tierra comenzó a temblar, las campanas de la misión sonaron violentamente. Muchos neófitos estaban arrodillados y no pudieron salir de la iglesia a tiempo. Dos muchachos, que estaban en el campanario tocando las campanas para la misa, murieron al desplomarse la torre. En total, ese día, cuarenta personas fallecieron aplastadas en la misión.

La estructura de la iglesia no soportó la fuerza del terremoto. El pesado techo se partió y se desplomó, además de agrietarse las paredes. En vez de tratar de hacer un esfuerzo por reconstruir la Gran Iglesia de Piedra, los misioneros decidieron regresar a la capilla Serra para celebrar los servicios religiosos.

Los temblores continuaron durante un mes causando más daños a las edificaciones de la misión. Poco después, los campos de cultivo se inundaron y quedaron destruidos. Las inundaciones, que duraron un año, causaron más daños a las estructuras ya afectadas. Las enfermedades atacaron al ganado; y la maleza se apoderó de los cultivos.

Los *acjachemem* también se vieron afectados por las enfermedades, al estar expuestos a muchas que habían traído los españoles; y con las cuales no habían tenido contacto, como por ejemplo, el sarampión,

Los neófitos que se portaban mal eran castigados y a veces incluso los recluían.

varicela, viruela y tuberculosis. Como el organismo de los indígenas no había desarrollado ninguna resistencia a dichas enfermedades, estas se volvieron epidémicas y asolaron todas las misiones. En una epidemia ocurrida en 1806, en la Misión de San Juan Capistrano, 100 *acjachemem* enfermaron de gravedad y murieron.

Una de las enfermedades traídas por los españoles afectaba la capacidad de tener hijos. En la mayoría de las áreas misioneras, la tasa de mortalidad entre los indígenas aumentó a tal punto que duplicaba la tasa de natalidad. Esto causó una rápida caída en la población de varias tribus nativas.

UN ESTILO DE VIDA POCO SALUDABLE

Los *acjachemem* estaban acostumbrados a vivir al aire libre; y sufrían en los dormitorios de adobe, que estaban abarrotados, eran fríos y llenos de humedad. A algunas personas se les hacía difícil respirar, debido al aire húmedo, y se enfermaban. Además, los sistemas sanitarios usados por los españoles atraían a insectos y ratas, portadores de gérmenes y enfermedades.

Las ruinas de San Juan Capistrano hoy en día.

Los neófitos también sufrían debido a los cambios en su alimentación. Estaban acostumbrados a comer una dieta balanceada de cereales, verduras, frutas, pescado y carnes magras. Los españoles llevaron reses a Alta California; y acostumbraron a los indígenas a la leche. Como los nativos carecían de enzimas para digerir la leche, su consumo los afectaba.

Luego, en 1818, los piratas dirigidos por Hippolyte de Bouchard desembarcaron cerca de la Misión de San Juan Capistrano; y se dirigieron al complejo misionero. Fray Gerónimo Boscano supo que estaban en camino, reunió a los neófitos y se marchó. Sin nadie que los detuviera, los piratas robaron el vino y quemaron varias edificaciones de la misión.

Con cada vez menos trabajadores para reparar los daños, San Juan Capistrano, conocida como "la Joya de las Misiones", cayó en el abandono.

8
Secularización

MÉXICO ASUME EL CONTROL

En 1810, los habitantes de Nueva España se levantaron en contra del Gobierno español. Durante los once años que duró la guerra, España no pudo enviar suministros ni dinero a las misiones. Muchas personas padecieron hambre. Finalmente, Nueva España obtuvo su independencia en 1821, convirtiéndose en México. Las misiones y Alta California quedaron bajo el control del Gobierno mexicano.

Después de 1821, México se quedó con las tierras que antes pertenecían a España, las cuales incluían las misiones californianas.

Los frailes, quienes se muestran aquí desembarcando en Monterrey, fueron expulsados de las misiones durante la secularización.

México deseaba acabar con el sistema misionero; y en 1833, el Gobierno mexicano aprobó una ley para iniciar la secularización de las misiones. Al año siguiente, se emitió un edicto, o proclama, para acelerar el proceso. Cuando una misión era secularizada, todas las tierras, el ganado y las edificaciones, excepto las iglesias, quedaban fuera del control de la Iglesia católica.

En vez de devolver las tierras a los nativos americanos, como los españoles pretendían hacer, estas leyes transferían la propiedad de las misiones al Gobierno de México. Muchos de los bienes terminaron en manos de terratenientes locales o funcionarios mexicanos. Los franciscanos fueron expulsados y sustituidos por sacerdotes parroquiales.

UNA CIUDAD INDÍGENA

Sin embargo, en la Misión de San Juan Capistrano fue diferente. El gobernador José Figueroa escogió la misión para crear un *pueblo de indios,* es decir, una ciudad de nativos americanos con un Gobierno municipal. Las edificaciones de la misión fueron transformadas en oficinas de Administración municipal. Las operaciones diarias de la misión pasaron a manos de los neófitos, con un funcionario mexicano a cargo de la operación general.

En el transcurso de dos años, el pueblo de indios colapsó. Los *acjachemem* se quejaron ante el gobernador Figueroa de que el funcionario encargado estaba utilizando el trabajo de ellos para su provecho personal. También informaron que había vendido en forma ilegal buena parte de la tierra, así como el ganado y varias edificaciones, a los pioneros. Como resultado, numerosos indígenas abandonaron el pueblo; y consiguieron empleo en Los Ángeles como vaqueros, cocineros y obreros de fábricas. Cuando la misión fue secularizada en 1833, aún había 831 *acjachemem* viviendo allí. Para 1840, quedaban solamente 100.

Alta California, como región, también experimentó grandes cambios. En la década de 1840, los ciudadanos estadounidenses comenzaron a asentarse en California y le pidieron al Gobierno que convirtiera a California en un estado. En 1846, Estados Unidos le declaró la guerra a México y dos años después entró en posesión del territorio californiano. En 1848 se descubrieron yacimientos de oro; y en 1850, California se convirtió en el trigésimo primer estado de la Unión. En 1865, el presidente Abraham Lincoln firmó la orden que devolvía la Misión de San Juan Capistrano a la Iglesia católica.

9
La misión hoy en día

SURGE UN NUEVO PUEBLO

A medida que pasaban los años y llegaba la década de 1860, la Misión de San Juan Capistrano seguía sufriendo. Los colonos, deseando construir sus casas y establecimientos, robaron la mayor parte de los ladrillos, las tejas y la madera que formaban las paredes de la misión. La misión estaba arrasada; y lo peor es que el deterioro continuó hasta la década de 1890.

Sin embargo, el pueblo que surgió en sus alrededores crecía rápidamente. En 1887, se construyó el Ferrocarril Central de California; y San Juan Capistrano quedó como punto intermedio entre San Diego y Los Ángeles. Los agricultores locales podían transportar fácilmente sus naranjas, nueces, cebada y aceitunas a las grandes ciudades usando el tren. A comienzos del siglo veinte, el pueblo estaba en pleno auge.

En 1895, la Asociación de Hitos de California encabezó un proyecto para restaurar la misión. Se recaudó dinero para comprar materiales; y se hicieron algunas reparaciones, como ponerle techo a la capilla Serra. En 1910, el padre John O'Sullivan asumió las labores de restauración de la misión; y ocho años después logró restablecer el pleno funcionamiento de la capilla. Su trabajo fue reseñado en el periódico Los Angeles Times, y acaparó la atención de personalidades de Hollywood. En 1939, León René compuso la exitosa canción "Cuando

En 1910, el padre John O'Sullivan inició los trabajos de restauración de la Misión de San Juan Capistrano y éstos continúan en la actualidad.

las golondrinas regresen a Capistrano". Para la década de 1940, la misión se había convertido en un popular sitio turístico.

CONTINÚA LA RESTAURACIÓN

La Misión de San Juan Capistrano es un sitio histórico importante, y su recuperación continúa. Diez acres (4.06 hectáreas) del complejo original fueron transformadas en un museo al aire libre. Conocido ahora como Hito Histórico y Museo de la Misión de San Juan Capistrano, el museo ofrece recorridos educativos sobre la historia de California a los visitantes, incluyendo a grupos escolares.

Los visitantes pueden recorrer los jardines y las edificaciones restauradas, observar el interior de una kitcha similar a la que usaban los *acjachemem* para vivir, antes de la llegada de los españoles; o visitar las fábricas donde los trabajadores de la misión hacían velas, jabón, aceite de oliva y vino. Otras cosas que pueden verse en el museo son las campanas originales de la misión, el cementerio, la capilla Serra, las barracas de los soldados, la cárcel y las ruinas de la Gran Iglesia de Piedra destruida en el terremoto de 1812. El museo también ofrece exhibiciones de herramientas, cestas, elaboración de vinos, plantas y hierbas. Además, se pueden ver las famosas golondrinas que todavía construyen sus nidos en los terrenos de la misión.

Las influencias del sistema misionero en el estado de California son notables aún hoy en día. Por ejemplo, los métodos de agricultura y cría que los frailes les enseñaron a los indígenas ahora son parte principal de la industria californiana. Muchos cultivos que se iniciaron en las misiones, como los de aceitunas, uvas y naranjas, siguen produciéndose. La arquitectura española aún adorna los edificios en las ciudades. Si bien las misiones cambiaron el estilo de vida de muchas personas, a quienes siempre debemos recordar, también ayudaron a hacer de California lo que es hoy en día.

La Misión de San Juan Capistrano ofrece a los turistas mucho que ver y hacer, incluyendo un recorrido por estas ruinas preservadas.

10
Haz una maqueta de la misión

Para hacer tu propia maqueta de la Misión de San Juan Capistrano, vas a necesitar:

- una lámina de cartón pluma
- un cuchillo X-ACTO (pide ayuda a un adulto)
- una regla
- pega blanca
- cinta plástica
- lápiz
- arcilla de modelar
- mondadientes
- campanas
- pinturas de color crema y verde
- fieltro rojo
- cartón
- cartulina de construcción de varios colores

INSTRUCCIONES

Se recomienda la supervisión de un adulto.

Paso 1: Para hacer la base, corta de la lámina de cartón pluma un rectángulc que mida 20" x 15" (50.8 x 38.1 cm). Píntala de color verde y déjala secar.

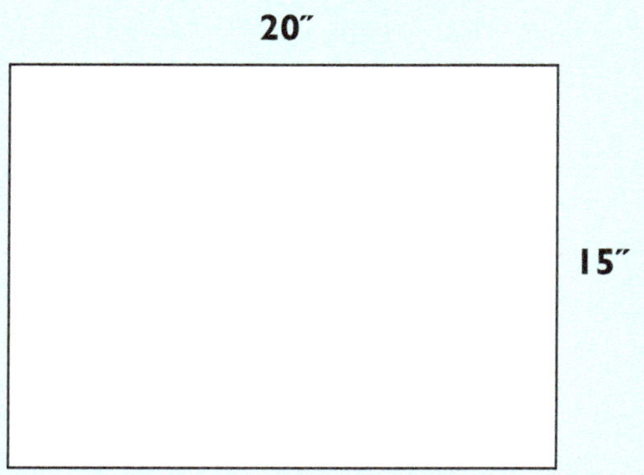

Paso 2: Para hacer el taller, corta de la lámina de cartón pluma un rectángulo que mida 17" x 2.5" (43.1 x 6.4 cm).

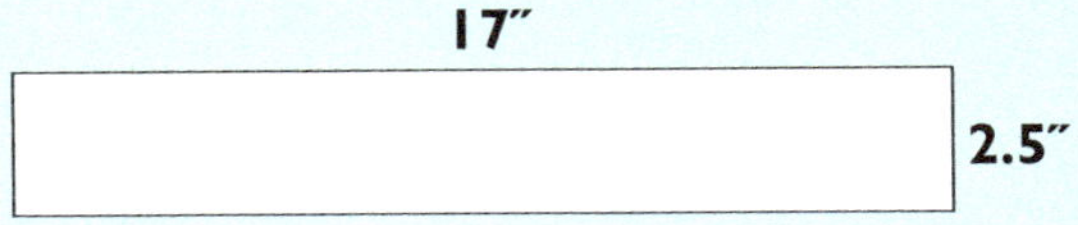

Paso 3: Toma el rectángulo y dibuja a lápiz una línea punteada a 7" (17.8 cm) desde el borde. Dobla la lámina siguiendo la línea.

Paso 4: Corta una pieza que mida 13" x 2" (33 x 5.1 cm). Recorta seis arcos en la parte de abajo. Dibuja una línea punteada a 5" (12.7 cm) desde el borde. Dobla la lámina siguiendo la línea.

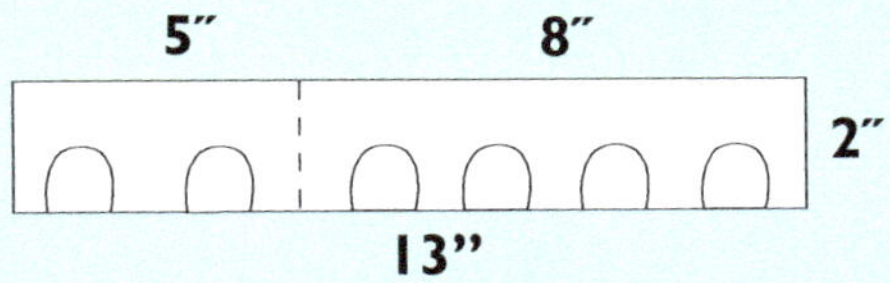

Paso 5: Para hacer los lados del taller, corta dos piezas en forma de casa que midan 2" x 3.5" (5.1 x 8.9 cm).

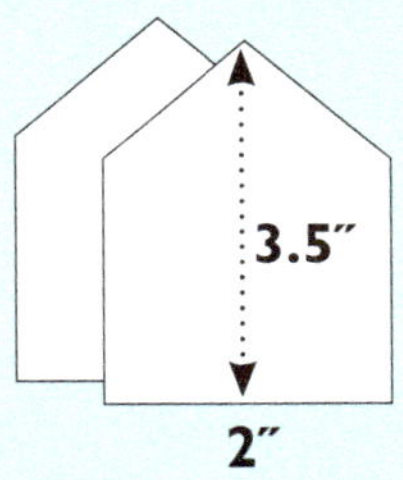

Paso 6: Pega el frente, la parte trasera y las paredes laterales formando una "L". Une a la base.

Paso 7: Para hacer la iglesia, corta un rectángulo de cartón pluma que mida 17" x 14" (43.2 x 35.6 cm). Recórtale un cuadrado de 5" x 5" (12.7 x 12.7 cm) a cada esquina, formando un signo de más (+).

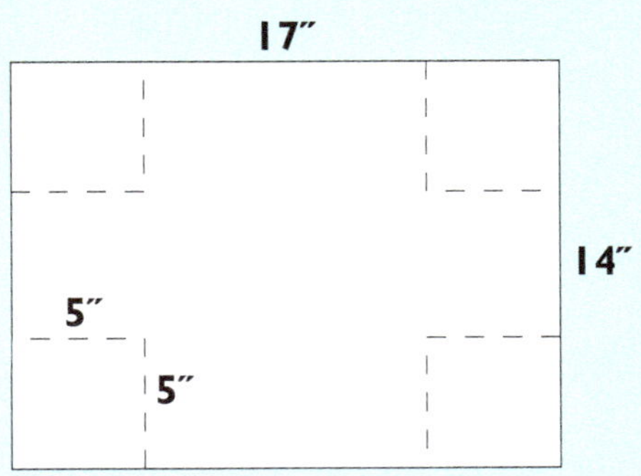

Paso 8: Dobla los lados del signo de más para formar una caja. Une los lados con cinta plástica a la parte interior de la caja.

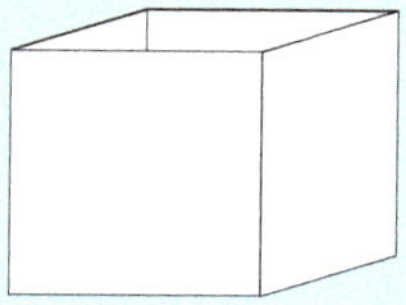

Paso 9: Voltea la caja y pégala a la base.

Paso 10: Para hacer la torre, haz un cuadrado grande que mida 9" x 9" (22.9 x 22.9 cm) y un cuadrado pequeño que mida 4.5" x 4.5" (11.4 x 11.4 cm). Recorta cuatro esquinas de 3" (7.6 cm) del cuadrado grande y cuatro esquinas de 1.5" (3.8 cm) del cuadrado pequeño. Dobla según las instrucciones del paso 8. Agrega una bola de arcilla en la parte superior de la torre. Clava una cruz hecha con mondadientes en la bola de arcilla.

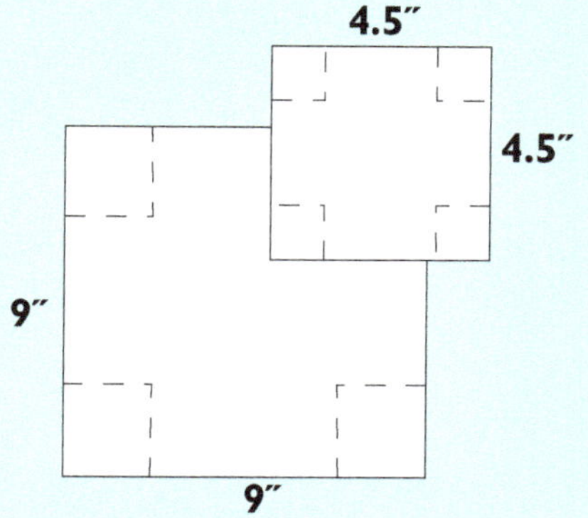

Paso 11: Para hacer las barracas de los soldados, corta de la lámina de cartón pluma dos piezas rectangulares que midan 5" x 2" (12.7 x 5.1 cm) y otras dos piezas en forma de casa que midan 2" x 3.5" (5.1 x 8.9 cm). Recorta cuatro puertas en una de las piezas rectangulares.

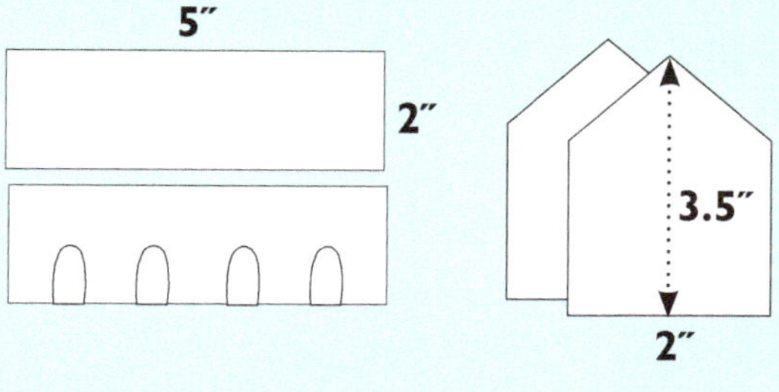

Paso 12: Pega todas las piezas para formar una casa. Para hacer los aposentos de los frailes y la cocina, repite los pasos que seguiste para hacer la barraca de los soldados.

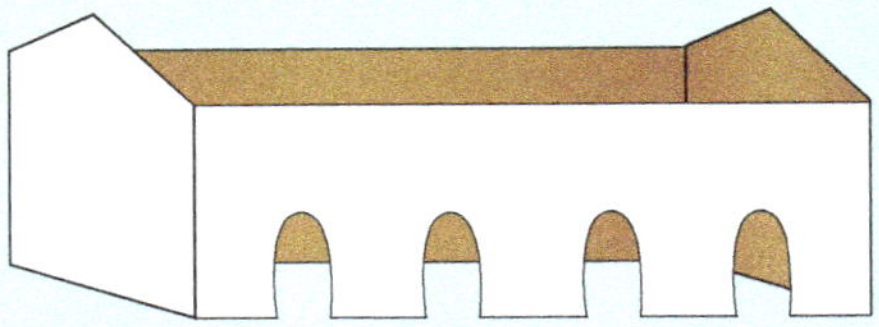

Paso 13: Para hacer la pared de las campanas, corta una pieza que mida 4" x 2" (10.2 x 5.1 cm). Recorta tres agujeros y pega las campanas.

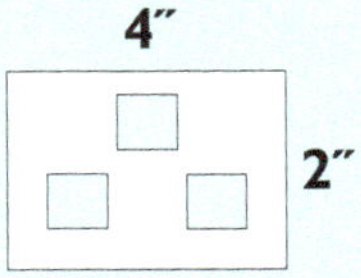

Paso 14: Pon las estructuras sobre la base y píntalas de color crema. Para hacer los techos de los talleres, corta un trozo de cartón pluma que mida 7" x 3.75" (17.8 x 9.5 cm) y otra pieza que mida 8" x 3.75" (20.3 x 9.5 cm). Dobla cada rectángulo por la mitad y a lo largo.

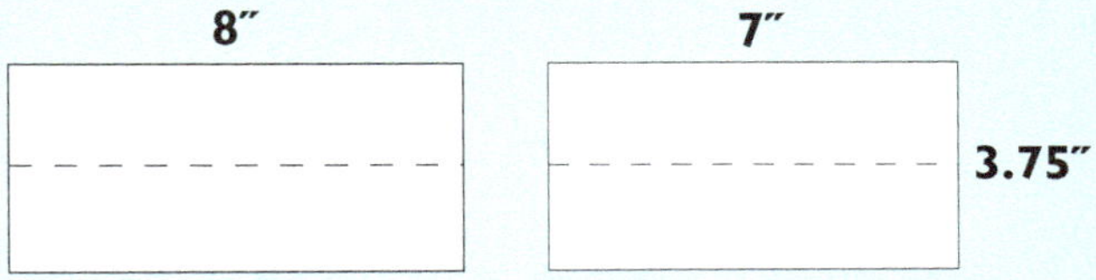

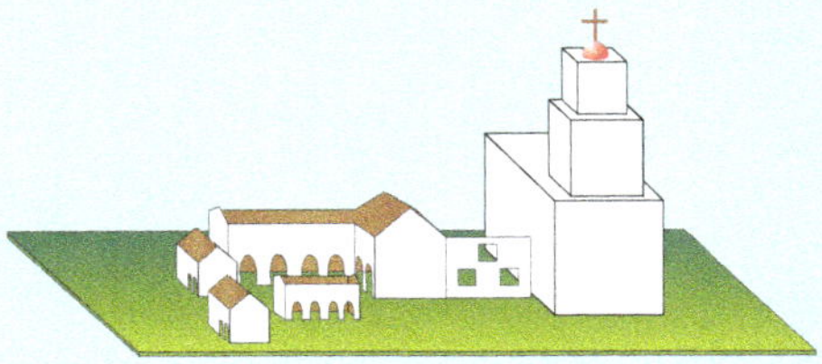

Paso 15: Para hacer los techos de la barraca de los soldados, los aposentos de los soldados y la cocina, corta tres rectángulos que midan 5" x 3.75" (12.7 x 9.5 cm). Dóblalos por la mitad.

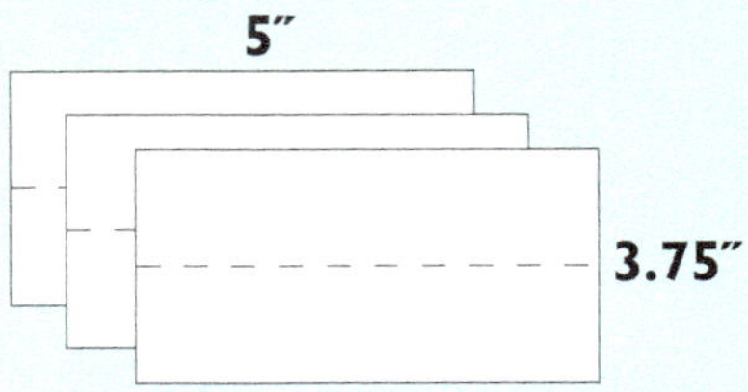

Paso 16: Pega los techos a las estructuras y cúbrelos con fieltro rojo. Decora la misión con flores y árboles que puedes hacer con cartulina de construcción o papel de seda.

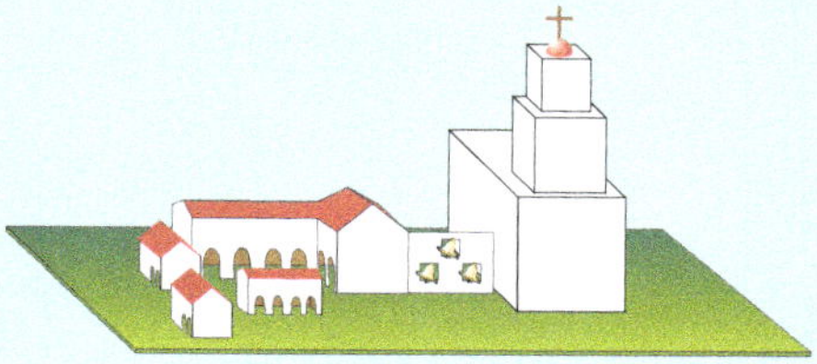

La maqueta de la Misión de San Juan Capistrano.

Fechas clave en la historia de las Misiones

1492	Cristóbal Colón llega a las Indias Occidentales
1542	Expedición de Cabrillo a California
1602	Sebastián Vizcaíno navega hasta California
1713	Nace fray Junípero Serra
1769	Fundación de San Diego de Alcalá
1770	Fundación de San Carlos Borromeo del Río Carmelo
1771	Fundación de San Antonio de Padua y San Gabriel Arcángel
1772	Fundación de San Luis Obispo de Tolosa
1775-76	Fundación de San Juan Capistrano
1776	Fundación de San Francisco de Asís
1776	Se firma la Declaración de Independencia de Estados Unidos

1777	Fundación de Santa Clara de Asís
1782	Fundación de San Buenaventura
1784	Muere fray Junípero Serra
1786	Fundación de Santa Bárbara
1787	Fundación de La Purísima Concepción
1791	Fundación de La Santa Cruz y Nuestra Señora de la Soledad
1797	Fundación de San José, San Juan Bautista, San Miguel Arcángel y San Fernando Rey de España
1798	Fundación de San Luis Rey de Francia
1804	Fundación de Santa Inés
1817	Fundación de San Rafael Arcángel
1823	Fundación de San Francisco Solano
1833	México aprueba la Ley de Secularización
1848	Se descubren yacimientos de oro en el norte de California
1850	California se convierte en el trigésimo primer estado

Glosario

adobe: Ladrillos secados al sol y hechos de paja, barro y a veces estiércol.

Alta California: El área de las misiones que hoy es conocida como el estado de California.

Baja California: La península mexicana que está directamente al sur del estado de California.

bautizar: Realizar un sacramento, caracterizado por el uso ritual de agua, que hace a una persona miembro de la comunidad cristiana y limpia sus pecados.

convertir(se): Cambiar de creencias religiosas.

cristiano: Alguien que sigue la religión cristiana o la enseñanzas de Jesucristo y la Biblia.

cuadrángulo: Ubicación de los edificios de una misión construidos alrededor de un patio central.

curtir: Transformar los cueros de los animales en piel remojándolas en un líquido especial.

enzima: Una sustancia química, presente en animales y plantas, que ayuda a realizar procesos naturales como la digestión.

fraile, fray: Hermano de una orden religiosa comunal. Los frailes también pueden ser sacerdotes.

franciscano: Miembro de un grupo católico creado por san Francisco de Asís en 1209.

indígena: Persona nacida en un área o ambiente determinado.

misioneros: Mujeres y hombres que enseñan su religión a personas que tienen creencias distintas.

Nueva España Una región colonizada por España que incluía, entre otras áreas, lo que ahora es México; así como los estados de Florida, Texas, Arizona, Nuevo México, California y Nevada.

ritual Ceremonia que conmemora un acontecimiento.

secularización Procedimiento mediante el cual las tierras de las misiones dejaron de pertenecer a grupos religiosos.

trincar Amarrar o apretar usando una cuerda.

Guía de pronunciación

acjachemem (ah-HA-sheh-mem)
atole (ah-TOH-lay)
carretas (kah-RAY-tahs)
fiestas (fee-EHS-tahs)
fray (FRAY)
kitchas (KEET-shas)
monjerío (mohn-hay-REE-oh)
pozole (poh-SOH-lay)
pueblo de indios (PWAY-bloh DAY IN-dee-ohs)
ranchos (RAHN-chohs)
siesta (see-EHS-tah)
vaqueros (bah-KEH-rohs)

Para más información

Si deseas mayor información sobre la Misión de San Juan Capistrano y otras misiones de California, dale un vistazo a estos libros y sitios web:

LIBROS

Bibby, Brian. *The Fine Art of California Indian Basketry*. Berkeley, CA: Heydey, 2013.

Lemke, Nancy. *Southern Coast Missions of California*. Minneapolis, MN: Lerner Publishing, 2008.

Gibson, Karen Bush. *Native American History for Kids*. Chicago, IL: Chicago Review Press, 2010.

Rosinsky, Natalie M. *California Ranchos*. Edina, MN: Capstone Publishers, 2006.

SITIOS DE INTERNET

Fundación de las Misiones de California

www.californiamissionfoundation.org

Encuentra datos rápidos y fáciles sobre las misiones, y descubre más acerca de la organización que conserva y protege las misiones en la actualidad.

Centro de recursos sobre las Misiones de California

www.missionscalifornia.com

Interactúa con la línea temporal de una misión, los vídeos y una galería de fotos. Descubre hechos clave sobre cada misión del sistema de misiones de California.

Un recorrido virtual de las Misiones de California

missiontour.org/sanjose/history.htm

Comprende eventos clave en la misión de San José al leer esta detallada línea temporal con la historia de la misión.

Banda juaneña de los indígenas acjachemen de la misión

juaneno.com

Lee sobre la historia, las creencias y la cultura de la Banda juaneña de los indígenas *acjachemem* de la misión actual.

Ranchos de California

cluster3.lib.berkeley.edu/EART/rancho.html

Accede a toda la información histórica de los ranchos de California. Es cortesía de la Biblioteca de la Universidad de California, en Berkeley.

Índice

Los números de páginas en **negritas** son ilustraciones.